AF617584

LA PASIÓN DE UN LOCO

Fernando León

LA PASIÓN DE UN LOCO

(poema-río en prosa)

Colección Leche de Burra

Poesía

editamás

Ninguna parte de esta publicación, incluido el diseño de cubierta, puede ser reproducida, almacenada o transmitida en manera alguna y por ningún medio, ya sea electrónico, químico, mecánico, óptico, de grabación, en Internet o fotocopia, sin permiso previo del editor o del autor. Todos los derechos reservados.
Editamás, editorial no tiene por qué estar de acuerdo con las opiniones del autor o con el texto de la publicación, recordando siempre que la obra que tiene en sus manos puede ser una novela, poesía o un ensayo en el que el autor haga valoraciones personales y subjetivas.

Primera edición: julio 2025
© Derechos de edición reservados.
Editamás, editorial y contenidos digitales

© Fernando León Rejas
Foto de solapa: Christian Polanco
Dibujos a plumilla de cubiertas e interior: Fernando León

EDITA:
Editamás, editorial y contenidos digitales

The mark of responsible forestry

DEPÓSITO LEGAL:
BA-000448-2025

ISBN:
978-84-120502-2-6

MAQUETACIÓN, IMPRESIÓN Y PEDIDOS:
www.editamas.com
924 18 07 91

«La sombra de inmenso hastío lo invadió.. El Cónsul se sumió con estrépito en el sueño.»
(*Bajo el volcán*, Malcolm Lowry)

«... Hoy me tropecé / con la vida / en una esquina...»
(*Encuentro metafísico*, R. Alberti)

«Lo que eres me distrae de lo que dices.»
(*La voz a ti debida*, Pedro Salinas)

«Un poema es una cosa que nunca es, pero que debiera ser.»
(*Altazor*, Viente Huidobro)

prefacio

Nos hallamos en un contexto civilizatorio en torno a la poesía en tiempos difíciles -y ricos-, que aun con amenazas e incertidumbres espero sea cada vez más vivo de convivencia pacífica, tolerante, creativa; con buen uso de la palabra, la razón, la política, la ciencia, el pensamiento y el arte para que los jóvenes no sean la parodia de profecía autocumplida que procuran sectores involucionistas que prostituyen el lenguaje para instalar un relato para justificar totalitarismos. La palabra y las lenguas son para comunicar y crear, no para hacer ruido. Para Borges, «la palabra es lo intrínseco». Y Hölderlin pide en *El Archipiélago* «Déjame escuchar el silencio en tus profundidades».

Con crisis climática, hambrunas, epidemias, pobreza, desigualdades, guerras, depredación de recursos, desinformación, desplazamientos masivos de refugiados e inmigrantes, parece que el mundo se va por un sumidero. Es el mensaje que los caudillos quieren instalar en la opinión pública, con el fin de hacer ver que la democracia y la institucionalidad no sirven, cuando lo cierto es que son la base para la convivencia y un desarrollo sostenible sustentado en los derechos humanos, cívicos, políticos, socioeconómicos, laborales, de igualdad y de justicia social. En realidad hay datos esperanzadores; índices que indican que se van resolviendo problemas, de poco a poco, no de modo uniforme ni todo el tiempo en todos los sitios, pero sí, con mucho esfuerzo se avanza. Y la poesía, como el resto de las artes, es un punto clave civilizatorio. Sí, es útil en su esencia creadora para iluminar en la oscuridad, nutrir la mente y el corazón, sanar heridas del alma y remover los panales del *statu quo* para polinizar los ecosistemas humanos.

María Zambrano propone en su *Razón poética:* «La poesía vendría a ser el pensamiento supremo para captar la realidad íntima de cada cosa, la realidad fluyente, movediza, la radical heterogeneidad del ser»; superando «la dicotomía entre la razón estrictamente lógica y la intuición», unidas en una noción superior que desarrolla en *La Razón en la sombra* y en *Claros del bosque*, explorando «la relación entre pensamiento racional y lo poético» para «comprender la realidad desde una perspectiva más completa y humana». Y aunque el consenso sobre realidad parece hoy roto, aún fortalece *la razón poética* que desmitifica el baudelairiano «ser sublime sin interrupción», tan purista, y tan agotador.

La razón poética -y su dimensión ética- que Zambrano halla en Parménides, Juan de la Cruz, Hölderlin, Machado, Heidegger, o Unamuno -que también ejercita el gremio *Maldito* , Baudelaire, Mallarmé, Rimbaud, o Nerval, Poe, Artaud, L´isle Adam, Kerouac, Ginsberg, Panero o Haro Ibars, cada uno en su ser-, lleva a «estar en la vida comprendiéndola en completud» y a buscar la propia. Como Celaya -cantado por Paco Ibáñez y Serrat-, no concibo la poesía «como un lujo cultural de los neutrales», ni lujo a secas; y su «arma cargada de futuro» -«de bromuro», diría Panero-, tiene sentido como metáfora de resistencia, como el de «alegría» para Almudena Grandes.

Escribe Heidegger en *Hölderlin y la esencia de la poesía* : «Sólo la poesía, que es la esencia del lenguaje, puede preparar adecuadamente el advenimiento del ser». Huidobro dice en *Altazor* : «Un poema es una cosa que nunca es, pero que debería ser». Virgilio lo condensa en un verso que puede explicar el mundo: «Los árboles se han repartido sus patrias». Baja a la calle Alberti en su *Encuentro metafísico* : «Hoy me tropecé con la vida en una esquina». Pacheco tiene en su «estética antipoética» la razón «de los desheredados». Valhondo halla en la poesía «el conocimiento del hombre». Ángel Campos desvela y oculta en *Cal-i-grafías* : «El día no contiene los espacios / ni el vacío habitable del poema / la imagen del que lo escribe.» Y Pessoa interpreta en *El poeta es un fingidor*, musicado por Silvia Pérez Cruz, que «El poeta es un fingidor. / Finge tan completamente / que hasta finge que es dolor / el dolor que en verdad siente».

Sirva esta introducción para compartir la razón poética del proyecto editorial *Colección Leche de burra*, expresamente creada para esta edición, que consta de cuatro inéditos: *Pasajero en la niebla, La piedad del crimen, Poemas en busca de libro* y *Versos des-a(l)mados;* y la reedición de *Babel - Al Límite* (opúsculos libros-objeto), *La pasión de un loco, Guillermina* -de 1983 a 2023, selección revisada y con algún texto más reciente-, y *Código iris* (2023/24). La edición es como lote de los ocho libros, o bien cada uno individualmente, diseñada con el esmero y la pulcritud con que se ha creado su contenido, que se presentó en una lectura pública titulada *De quimeras y entelequias* , en el Aula Ámbito Cultural, de Badajoz, en abril de 2025.

LA PASIÓN DE UN LOCO es un poema-río en prosa poética, primer libro unitario escrito, aunque publicado después de Guillermina –también un poema-río, éste en verso--. Lo editó Cuadernos Kylix (1989), que dirigía el poeta Juan María Robles Febré (e.p.d.), con Delgado Valhondo y Sánchez Pascual como consejo asesor.

El texto fluye como un relato lírico de aire antiheroico, trágico y al tiempo celebrativo en su discurrir y en su andamiaje, con una cadencia que se intensifica al finalizar cada estrofa con un estribillo, una imagen visual y sonora que sugiere un ideal como metáfora in crescendo.

Se plantea con una mirada personal y una sintaxis que se encauza sin puntuación ni mayúsculas, que busca su fluidez en la concatenación de ideas y figuras, a veces paradójicas, disruptivas. Así, los editores destacaron en el colofón del libro su «brillante descontrol lógico y aparente desconcierto literario de trepidante belleza lírica».

El poema se teje con un lenguaje, ritmo y figuras propios en una mística macerada en tarros de historia, religión y mitología enlazadas en un cordón de metaliteratura, como el hilo de Ariadna para salir del laberinto tras matar al minotauro; una vía para interpretar y desmitificar la relación de los poderes del mundo –de los mundos-- con la realidad y sus misterios, desde una fusión del subconsciente y lo racional como lo plantea María Zambrano en su Razón poética, donde la intuición y el pensamiento lógico permiten comprender la realidad "desde una perspectiva más completa". Y ello en un entramado de nudos –con influencia de diferentes artes, estilos y el influjo de músicas de fusión abiertas, como el propio poema, a caminos nuevos, desconocidos, por pasaderas para cruzar el río al que habrás de entrar, sentir su torrente, su fuerza, frescor y suciedad, y en el que después de conocer las orillas poder navegar hasta desembocar con tus huesos y tus sesos en la orilla del mar, mecido por las olas.

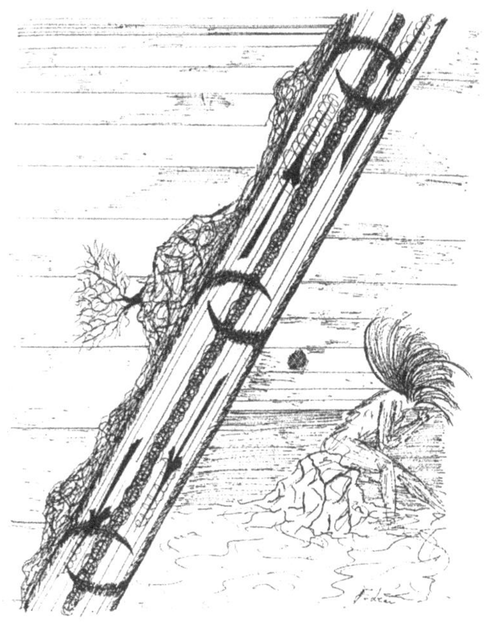

a quienes cruzan las fronteras,
cónsules de la razón

demudada el alma sobre mi piel
reposada esparce mis despojos y
tus fibras divinizadas zarandea
cual bitango al vuelo y deshoja-
das tus uñas entre nimbos crecen

los cimientos con olor a fresa
de color naranja y con sabor a
menta mas no hagas nada figú-
rate cien mil palomas volando
y luego mírate al espejo

escucha el murmullo desprende
de la lluvia su perfume y besa
afligida la arboleda entre sende-
ros de hojas que flotando pardas
caen en vaivén y –bailando espi-
rales-- vuelan mientras tú con las
pócimas untadas y reventadas
las sienes ves cómo hiere la

tarde desde tu ventana y ves có-
mo la noria de fuego se pone y
élla --la luna-- se levanta y ves có-
mo sale la mañana y resiste la
escarcha lenta y helada y se
marcha clara y no hagas na-
da figúrate cien mil palomas vo-
lando y luego mírate al espejo

brinda el ceremonioso ritual de
lavar tus cabellos como oblación
don supremo al que mora en la
erguida atalaya de tan asediado
castillo cuya fortaleza por un río
de aguas negras y profundas es
gobernada y por sacerdotisas que
toman del túmulo de tu sepultura
la fuerza de un conjuro perpetuo
promulgado siete veces --siete-
-veces-- en el sin par instante del

óbito para resucitar tu amor tras
el iniciático sueño de los defe-
nestrados --obscuro eterno-- y
deambular entre cálidas sombras
para regresar luego a tu morada
en compañía de un lobo albino
respirando limpiamente sin re-
cuerdos con las manos y los
ojos muy abiertos pero no digas
nada figúrate cien mil palomas
volando y luego mírate al espejo

disuelve la plata en años luz tomada con el macareo de tus manos el oro de esquirlas llenos y hallarás de la vida –preciado óbolo-- el elixir que habrá de surgir en plantas de noble verde metal que tendrás que diluir y macerar y lo habrás de masticar o beber o en brebajes untar en pomadas que te ayuden a cabalgar apeloabierto alejandrinos indomables hasta diluir el azogue

del espejo en su crisol y su
secreto y sabrás cómo un
loco divisa a través de su ma-
quillaje las calles de bípedos
repletas cada cual con su histo-
ria de zapatos lentos y rápidos
con la rigidez en sus rostros y los
ojos ahuyentados decomisa-
dos y sin ser –ebrios y alámbi-
cos-- mas no hagas nada figú-
rate cien mil palomas volando y
luego mírate al espejo

escúrrase eva por de la montaña
la falda hasta ejercer con la
nieve cómplice desflorada pati-
nando sobre olas de sangre
cuando el tiempo es de trapo
como un muñeco de trapo y esto
no lo digo yo que lo dicen todos
porque es muy viejo y yo tam-
bien soy muy viejo y soy de trapo
como un muñeco de trapo y lo
saben todos y tú eres tiempo y
eres de trapo como un muñeco
de trapo y no lo dices tú que lo
saben todos y me puedo volver

loco escribiendo entre serpien-
tes y cenizas hasta llorar y ha-
certe sentir la belleza abyecta
adorable y pulida de un lago en
una noche de luna mora con el
reflejo de tus vestidos de seda
sobre las almenas de una torre
embebida en la alquimia del cuar-
zo con estertores del subcons-
ciente hasta conjurar el mosaico
de una carne putrefacta perfecta
mas no hagas nada figúrate
cien mil palomas volando y lue-
go mírate al espejo

y se adueñará de ti el sonido
más puro hasta transformarse en
percutivos ritmos periódicos y
primitivos y así abatida vengas
a tierra sobre tus pechos de cerá-
mica blanda –candor conspicuo–
que cada dictado ocupe varias
estaciones en reposo para ba-
ñarte en mi costado y sentirás
que un pincel recorre la médula
de tus esencias madejando po-

ros e impregnando tu alma en la
abstracción de un beso con ani-
llos de hoja de lata y si son de
cobre mejor y mejor si son de
plata y si de oro mejor que me-
jor para sentirme capaz de dejar-
te y luego enloquecer en un mar-
co preciosista de desamor mas
no digas nada figúrate cien
mil palomas volando y luego
mírate al espejo

y yo cola de pez medio muerto
agitando el lodo alas de pájaro
abatido que se vuelven espinas
intentando el vuelo con el caza-
dor enfrente fijo e insatisfecho
con un resquicio de esperanza
como prólogo de cristal quebra-
do –ya sangrante-- y siguiendo
las pautas de la luna bebien-
do un vaso de vino blanco que
solaza –no el tinto emponzoñado--
para consuelo de tanto tormento
como traen las letras de caren-
cias satisfechas y amago de a-
flicciones que ni comienzan ni
terminan y así el tiempo pasa y
en la cuneta quedas por unas
horas o más y si no bastaron
tres vértices en el espacio ni tres

triángulos convergentes en pirámide ni tres personas distintas y un solo dios verdadero queda decir una oración de orden matemática y así van dos y 3 y van diez y veinti7   ochentaycinco 100   2cientos3   800veinteyuno 1002   mil40   1000y3cientos milynovecientosycincuentayseis 2000   5mil5   cuarentay5mil100 90811   8cientosmil8cientos88 10millonescuatro100mil3cientos-60ycuatro hasta que el disparo suena y comienza la cuenta atrás con el regusto del vino en el cielo de la boca listo para aceptar tus abismos con sigilo pero no hagas nada figúrate cien mil palomas volando y luego mírate al espejo

déjate caer como un silencio en
los débiles rayos de luz sobre
la escarcha y las amapolas al des-
pertar con el trino de la holganza
para andar descalza sobre las
brasas encandiladas   ensimismada
en la voluptuosidad del fuego en
el placer de ser barro recuerdo
de un instante sin tiempo en el
que perderse en tu plenitud y olvi-
dar la agonía que leo en tu mi-
rada que esquiva tiembla y mi
deseo evita oliendo el miedo a

descubrir el letal reposo de lo
que ya condenados habremos
de ser un cruce en el desierto
con el espíritu secuestrado en-
tre los vivos y preso soy de es-
ta demencia furtiva yo –aquel
creador de lisonjas-- que caí en
cada tentación con placer sumo
y atado voy ahora –y obscuro--
a la virtud del pobre mas no ha-
gas nada figúrate cien mil pa-
lomas volando y luego míra-
te al espejo

déjame descubrir de tu sistema la creación en tu interior aposentado próximo al *aleph* de tu piedra viva y llegar donde las estrellas florecen y giran y giran sobre sí hasta hacerte perder el sentido –esa ruta de la luz a la ausencia– y embriagado desde otra conciencia permanecer en tu morada enardecido y engen-

drado portando la voz corporei-
zada de este devenir laxo clave
para recibir acariciadoras las o-
las que eviten un naufragio ca-
balístico del tiempo y escucha
cómo sale el nuevo día   cómo
va del rojo al negro como un pre-
sagio mas no digas nada   figú-
rate cien mil palomas volando y
luego mírate al espejo

suspiras por libros con lomo y tapas de cuero como de mesopotamia por la escritura rótulo canónico de estirpe vieja fraticelli guardián de nada que no tienen las novelas generosas final bueno o malo que son como la parte primera de una segunda innecesaria y así acaban nunca mas basta de suspiros traiga el reverendo al postre las pesquisas que dios no tarda en llegando la hora postnona y a silencio las campanas tocan y el que sabe gusta de conocer con una manzana entre las manos y así no digas nada figúrate cien mil paloma volando y luego mírate al espejo

¡ah pandora! plaga psíquica que
cura la venérea a medusa de
neptuno aplicada y el mal de co-
razón ¡ah eva! ávida de barro pa-
rasitado de amor que matas horas
muertas e inundas la paz oxige-
nada con tus dones y respiras
profundo para resucitar a la vida
tus poros obstruidos antes de
ceder al sueño mas no estarás
sola con tus fantasmas tras la
vida pues me arrastra hacia
ti la expresión de lo que soy co-
mo baba de caracol rastro pes-
tilente y viscoso en el que se

diluyen las gónadas del molusco y la mueca blanda de estupor con dos pozos de agua turbia por ojos donde resuena el eco de mi cabeza vacía y dos babosas húmedas y sedientas por labios que se abren sin tensión y manchan cuando se cierran es la expresión de un loco o de un héroe no de un engendro antinatura que por destino es bestia y por dentro un ángel quien te acompaña mas no digas nada figúrate cien mil palomas volando y luego mírate al espejo

son solas tus manos sábanas
que en su ausencia muerte lú-
cida constante despertar has-
ta el día que las pongas en mis
bolsillos que son solas tus ma-
nos sábanas que tejen puentes
de hilo con el trote de tus medias
cruzando el mar paño en punto
de cruz tras el horizonte que
todo lo une y el silencio impone
su orden y los ángeles buscan
mi rastro en el desierto -zona
de polvo y vida invisible- con la
ayuda de solas tus manos y el

resplandor de la luna para encontrarme entre un amasijo de almas en tránsito como elefantes a su cementerio con el corazón tatuado por una daga purificadora y así robado mi cuerpo evitar uno de los *milagros de nuestra señora* porque no les gusta que ande suelto pero te veré y serán testigos de nuestra clamorosa ausencia los gatos y los búhos mas no digas nada figúrate cien mil palomas volando y luego mírate al espejo

¿a qué visitas negra estrella mi á-
nimo nefando incapaz siquiera de
voluntad o de agotar esta copa?
¿dónde el fervor? deja en fin que
las sombras se acerquen ¿qué si
no nos lleva a matar la noche en
un verso nombrando el pellejo
miserable de esa deidad paga-
na? nicte boceto primero de
gracia que gime en la estación
–gitana aurora-- de estructura so-
liviantada entre velos elevada

desnuda y su colayegüárabe
provocando el destierro de mis
sueños entre andenes y raíles ¿a
qué visitas negra estirpe la cú-
pula celeste de mi soberbia pre-
parada para fundir el globo en o-
chenta días por treinta denarios
sobrevolando urbes arrasadas y
con la carretera por delante toda
para no andarla? mas no digas
nada figúrate cien mil palomas vo-
lando y luego mírate al espejo

mírame mira el espejo y verás
el reflejo de un loco payaso re-
citando versos diluidos en lá-
grimas verdeazuladas de ojos
bebedores --sedientos-- de me-
tal sonando en los labios rese-
cos de un viajero que engaña
a la aurora con el último trago
siempre aquella canción triste
cobijo de veredas y estrellas
de besos mudos de frases no
dichas y verbos en pretérito de
manos vacías de agotados
recuerdos de gerundios in-

interminables e interrogantes
a medio camino horizonte de
calles sucias y de fantasmas
aquella canción triste de vaso
de bourbon seco tras otro so-
naba también –creo-- la huidiza
tarde mi funeral como un su-
surro o un gemido sin opinión
por favor una copa más só-
lo una copa más mientras lle-
ga el milagro del esperpento
romántico y no digas más fi-
gúrate cien mil palomas volan-
do y luego mírate al espejo

y verás sus pies descalzos can-
sados de caminar entre brasas
y espinos y lo verás en cuero y
flaco por los ayunos ya vacío
y el seco mimbre de sus miem-
bros derrotados por la debilidad
y el cabello en catarata y la barba
cana y su felicidad rota por el
paso del tiempo de los tanques
de las computadoras por una loco-
motora que lo arrastra hacia el
martirio con el mismo amor que
destella una cálida noche de

plenilunio   ofuscado con el de-
venir   como si el mundo fuese
algo más que otro pensamiento
en coma profundo –un destello
de ideas apopléticas-- consu-
mación de la nada ¿o acaso una
existencia prometeica cuya es-
peranza –redentora-- vela alerta
¡oh! caja de pandora para en-
cerrar los males divinos azo-
tantes del orbe? mas no digas nada
figúrate cien mil palomas vo-
lando y luego mírate al espejo

y lo verás con la mirada fija entre tus pechos como perdida entre agonizantes dunas con perfiles de oro blanco y diciéndote adiós sin mover los labios con la fuerza imperceptible necesaria para pedirte y ofrecerte el último gesto –la esencia final-- con la sencillez lastimada y los párpados caídos de frío y el cuerpo relajado por el exceso de dolor ya intenso e inmenso y las venas dilatadas arrastrando el aliento para acariciarte en un susurro

de heladas carnes y el cuello
vuelto esperando que un va-
ho invernal lo eleve a recoger
todas la células brillantes y
transparentes del espacio con
los brazos abiertos la cola
podrida el pico roto y contigo
en el recuerdo perdiéndose
en su débil plumaje y bajando
hacia el último y misterioso ins-
tante a falta sólo de un soplo
de beso y vuelve aquel reflejo
a su lugar y no digas nada fi-
gúrate cien mil palomas volan-
do y luego mírate al espejo

El libro La pasión de un loco de la colección
LECHE DE BURRA
terminó de editarse e imprimirse
el día 30 de Julio de 2025
en los talleres gráficos de
Editamás editorial de Badajoz.